MANOSROJAS

Marco Antonio Rodríguez Luna

Hace mucho, mucho tiempo, vivía una pequeña tribu que habitaba en una cueva llamada *Altamira*.
Este clan se dedicaba a la caza, al marisqueo y a la recolección de frutos. Eran muy felices los miembros de aquella tribu
en aquella cueva porque les proporcionaba un lugar seguro donde comer, dormir y calentarse. De todos sus rincones,
el mejor se hallaba en torno a la hoguera. Allí se juntaban para charlar, cantar y escuchar buenas historias contadas
por la hechicera *Viejaluz*, la persona más sabia del grupo.

Hoy, la anciana *Viejaluz* comunicaría a los demás cuando se marcharían a otras tierras más cálidas.
Como eran nómadas, cambiaban de territorio según el tiempo o la caza, pero siempre regresaban
a su cueva preferida, *Altamira*.

Viejaluz se acercó a la hoguera y todos se sentaron a su alrededor.

¡Qué importante es el fuego! -dijo la anciana mientras colocaba la palma de sus manos sobre las llamas-; gracias a su luz podemos ver y gracias a su calor podemos cocinar y calentarnos.

-¿Cuándo migramos a otro lugar? -preguntó alguien sentado al fondo.

-Pronto. He observado las estrellas de la noche y las nubes del amanecer, auguro que el invierno llegará dentro de siete lunas. Mi consejo es que nos marchemos mañana y pasemos el invierno en la cueva de los *Vallesbajos*.

Por alguna extraña razón *Viejaluz* parecía muy preocupada. Normalmente se mostraba alegre, sin embargo hoy se mostraba demasiado seria.

-¿Por qué tanta prisa? -le preguntaron.

-Mi querida tribu, tengo un mal presagio. Siento deciros que, que... *Altamira* desaparecerá.

-¡No! ¡Qué tragedia! ¡Eso es imposible! -exclamaron todos, entristecidos.

-Lo lamento más que nadie, pero en poco tiempo esta cueva sufrirá un derrumbe.

De repente, un temblor sacudió las paredes de la caverna y sobre el grupo cayó una momentánea
lluvia de piedrecitas, acompañada de una polvareda que hizo toser a todos.
-Lo veis -apuntó *Viejaluz*-, vendrán más temblores y uno de ellos será tan fuerte que derrumbará
la entrada de la caverna. No podemos arriesgarnos. Mañana nos vamos, sin falta.
-Hizo una pausa y sugirió lo siguiente. Yo me crie aquí y como vosotros me siento desconsolada,
por eso creo que lo mejor que podemos hacer es rendirle un homenaje.

Propongo que dejemos tres objetos como ofrenda. El primero representará a la caza, el segundo al marisqueo y el tercero a la recolección de frutos. Y recordad que los objetos deberán ser resistentes porque presiento que en el futuro la cueva será desenterrada y mi
mayor deseo es que los hijos de los hijos de nuestros hijos sepan como vivíamos.
-Me parece genial -dijo muy entusiasta *Manosrojas*, una chica llamada así porque sus manos siempre estaban manchadas de pintura.
-¡Me encanta la idea! ¡y a mi!, ¡a mi, también! -fueron diciendo cada uno de los integrantes del clan.

Esa noche, *Manosrojas* se dirigió al fondo de la cueva para pintar por última vez. Cuando se encontraba en lo más profundo de la caverna suspiró entristecida y no pudo evitar acariciar las paredes de *Altamira* con mucho cariño. Después elevó una lámpara de tuétano para alumbrar el techo y ante sus ojos surgió un impresionante conjunto de pinturas, en el que destacaban bisontes pintados de negro, rojo y ocre. Sin duda, era su gran obra y apenas le quedaban unos retoques para acabarla.

Este mural se inspiraba en un recuerdo de la infancia. Fue su primera exploración fuera de la cueva, su primera gran aventura en el exterior. Ese día acompañó a sus padres hacia el valle y estaba tan nerviosa como encantada. Bajaron por la montaña y después cruzaron un pequeño bosque hasta llegar a un claro. Allí, sus padres le susurraron que se agachara y que no hiciera ruido; tras pasar un ratito pudo levantar la cabeza y entonces quedó fascinada cuando vio una manada de bisontes descansando sobre la hierba. Por fin pudo ver al animal más importante de su mundo. Y esa es la historia que hay detrás de esta obra.

Todos en el clan apreciaban su trabajo y ella se sentía muy valorada, pero había una excepción, en realidad, dos. Dos gruñones que no dejaban de criticarla.
Por desgracia, uno de ellos, *Peloerizo* asomaba por la entrada.
-¡Otra vez pintando! -dijo con tono antipático-¡Uf, cuántos errores! Estos bisontes están muy mal pintados, este está gordo, ese delgado y aquel ni gordo ni delgado.
Manosrojas, muy bien educada por sus padres, actuó con mucha calma pero sin callarse.
 -Pues hazlo tú.

-Esto... es que... me duele la mano. Pero lo que importa es que no me gusta.
-A mí eso no me interesa y si no te gusta puedes irte a otro sitio.
En ese momento apareció *Ojosderana*, una muchacha criticona y pesada.
-Mmmm. ¡Qué feos son estos bichos! Y para qué sirven, si son de mentira.
-Esto es arte.
-¡¿Arte?! ¿Qué es eso?, si no se come ni te abriga es que no sirve para nada.
-Bien dicho -rió *Pelorizo*.
-El arte es muy importante porque con él las personas expresamos nuestros sentimientos y reflejamos nuestro sentido de la belleza.

Entonces les dio la espalda y sin hacerles más caso prosiguió con su obra. A la mañana siguiente, muy temprano, el clan se preparaba para el traslado a otra cueva.

-Mi querida tribu, toca migrar hacia los *Vallebajos*, pero antes dejaremos una ofrenda. ¿Habéis decidido cuáles son los objetos que nos representarán?

-Sí, esta lanza que es irrompible-habló un cazador tras clavar el arma en el suelo. A continuación se levantó una joven, con su hijo pequeño a cuestas, y mostró algo parecido a unos caracoles.

-Este collar de bígaros será nuestro obsequio y resistirá el devenir de las estaciones. Por último, tomó la palabra un niño con un puñado de frutos secos.

-Los niños escogimos estas nueces que soportarán el paso de los años.

-Muy bien, os felicito, vuestra selección ha sido sabia y acertada.

Y ahora, nos despediremos en silencio de nuestra querida cueva.

Todos los miembros del clan se despidieron como si estuviesen rezando.

Poco a poco la cueva se vació de gente. *Manosrojas* fue la última.

-Hasta nunca, *Altamira*, siempre te guardaré en mi corazón

Al día siguiente las paredes retumbaron más fuerte que nunca y la tierra cubrió la entrada para siempre, tal como había previsto *Viejaluz*. Llegó el invierno y con él la nieve. Toda la región se volvió blanca y durante meses así permaneció.

Hasta que los árboles empezaron a florecer y los pájaros a trinar. Y por fin, días después, la primavera brillaba en todo su esplendor con el verdor de la hierba y el colorido de las flores silvestres.

La pequeña tribu, encabezada por *Viejaluz*, quiso saber en que estado había quedado su querida *Altamira* e iniciaron una larga caminata para comprobarlo.

Cuando llegaron descubrieron que la entrada de la cueva se hallaba sepultada por la tierra. No les cogió por sorpresa, ya se lo esperaban, pero les dolió de todas formas.
-¡Qué pena! -gimieron unos.
-¡Qué lástima! -exclamaron otros.

Viejaluz llamó a *Culebraloca*, un cazador muy peculiar. Era tan delgado como hábil y podía entrar en cavidades imposibles para los demás. Su problema es que estaba loco, completamente loco, como un cencerro.
-*Culebraloca*, ¿dónde estás?
-Estoy aquí.
-Crees que puedes encontrar un hueco y colarte.
-Puedo. Ji,ji, claro que puedo, ji,ji. Allá voy.
Culebraloca siempre hablaba rápido, a la vez que reía y hacía muecas raras.
Escaló por las rocas, subió varios metros y desapareció, para volver poco después.

-Holaaa. Tengo una buena y una mala noticia
-dijo desde arriba.
-¿Cuál es la buena? -preguntaron todos.
-Hay una madriguera.
-¡Qué bien! ¿Y cuál es la mala?
Que es una madriguera de lobos. Ji, ji.
-Cuidado, la manada puede aparecer en cualquier
momento.
-Apura-alentó *Viejaluz*.

De nuevo entró a la cueva y al cabo de unos minutos asomó la cabeza.

-Holaaa, bonito día.

-Menudo loco, cada día está peor-murmuró *Ojosderana*.

-Tengo una buena y una mala noticia.

-Ya empezamos-masculló *Peloerizo*.

-Tened paciencia -susurró *Viejaluz*-. Ya sabéis como es.

-¿Cuál es la buena? -interrogó el clan como si fuese un coro aburrido.

-Que solo está cubierta la entrada, ji,ji, y se puede andar por la cueva. Ji, ji

-¿Y cuál es la mala? -preguntó *Manosrojas*.
-Que me olvidé la antorcha y no pude ver nada. Ahora mismo bajo.
-Eres un desastre-sollozó *Peloerizo*.
Bajó junto al grupo, tomó una antorcha prestada y volvió a subir.
-Venga, rápido -imploró *Manosrojas*-. Los lobos aparecerán en cualquier momento.
-¡Lobos! ¿Qué lobos? -preguntó *Culebraloca* que se paró en seco.
-Tú dijiste que era una madriguera de lobos o es que no te acuerdas.
-Ah sí, ya me acuerdo, ji, ji. Es que mi cabeza a veces funciona y a veces no. Ji,ji.

Por tercera vez desapareció por la abertura y tras un rato sacó medio cuerpo por la boca
de la madriguera.
-Holaaa. ¿Qué tal? ¿Cuándo merendamos?
-No lo soporto -dijo *Ojosderana*.
-Tengo una buena y una mala noticia.
-¡Qué pesadilla! -se quejó *Peloerizo*.
Pero de repente el aullido de unos lobos invadió la montaña.
-Nos han visto -alertó *Manosrojas*
-Vámonos, debemos irnos, corred -ordenó *Viejaluz*.

Todos empezaron a correr monte abajo. Todos, menos *Culebraloca* que iba monte arriba.
Por suerte, *Manosrojas* se dio cuenta.
-*Culebraloca*, ¡cuidado!, ¡vas al revés, vas hacia los lobos! -le avisó la chica.
-Huy, me equivoqué. Ya sabes cómo es mi cabecita. A veces funciona y a veces no.
A la carrera, el clan descendió durante un buen trecho. Y justo cuando ya no podían más,
a causa del cansancio, llegaron al río y lo cruzaron. Por suerte los lobos no se atrevieron a
saltar al agua y cesaron de perseguirlos.

Sin embargo, *Viejaluz* se giró y sí mostró interés, todavía esperanzada.

-¿Cuál es la buena noticia?

-Se salvaron las pinturas de *Manosrojas*.

-¡Qué fortuna! -gritó la sabia anciana de alegría. -¿Habéis oído?

-Sííí-chillaron todos-¡Viva *Manosrojas*!. ¡Vivaaaa!

-Gracias, muchas gracias-pronunció una emocionada *Manosrojas* que se fundió en un abrazo con *Viejaluz*, con *Culebraloca* y con cada uno de Los miembros de la pequeña tribu. Hasta los dos criticones la felicitaron y se disculparon.